D0938145

Primera edición en alemán: 1997
Primera edición en español: 1998
Primera reimpresión: 1999

Coordinador de la colección: Daniel Goldin
Traducción de Alberto Cué

Título original:
Weihnachten bei Familie Bär

© 1997, Editorial J.F. Schreiber, "Esslinger", Esslingen, Alemania
ISBN 3-480-20015-X

DR © 1998, Fondo de Cultura Económica
Carr. Picacho Ajusco 227, México, 14200, D.F.

ISBN 968-16-5715-2

Impreso en Bélgica. Tiraje 15 000 ejemplares

Kestutis Kasparavičius

Navidad
en familia

Versión libre a partir de los versos de Paul Maar

LOS ESPECIALES DE
A la orilla del viento
FONDO DE CULTURA ECONÓMICA
MÉXICO

¡Ya viene la Navidad, ya viene la Navidad!
Juntos en familia vamos a festejar.
Alguien les dijo a los osos:
"Mientras más grande sea el árbol,
más regalos van a hallar".
Pero por ambiciosos
sin techo se van a quedar.

Don Pato y doña Pata sus patines se pusieron.
Los patitos, muy contentos, a sus padres persiguieron,
y esperando sus regalos, hacían piruetas en el hielo.

Los ratones en familia
se preparan para celebrar:
unos barren la nieve, otros llevan la leña;
mientras, los chiquitines retozan sin cesar.

Los mapaches, muy animados,
salen a esquiar bien abrigados.
Unos de cola cayeron,
otros en la nieve la cabeza hundieron,
y de tanta risa hasta lágrimas les salieron.

Para la familia Puerquín
los cuentos no tienen fin,
y con las historias que durante el año han gozado,
esta Navidad de personajes se han disfrazado.

En la casa de las liebres no ha dejado de nevar.
La familia, con sus palas, limpia y limpia sin parar,
no sea que llegue Santa y de largo vaya a pasar.

Abajo, en el Polo Sur,
las focas esperan celebrar
tomando baños de luna
a la orilla de la mar.

Sale Santa en su trineo,
los osos lo ven pasar.
¿Se imaginan los regalos
que a los niños va a llevar?

Petirrojos y azulejos
se afanan al adornar
dos muñecos que a lo lejos
a Santa van a guiar.

Y a las ballenas en altamar,
¿cómo podrá Santa llegar?
¿Lo hará en trineo? No lo creo.
En un bote velero el buen Santa va a navegar.

A los pingüinos juguetones
Santa les llevará regalos por montones,
pues aunque hagan travesuras todo el año,
lo acompañan y a nadie le hacen daño.

En lo alto del abeto la abuela ardilla
saca una esfera, ¡qué maravilla!
La limpia y, como espejo, la bola brilla.
Ella, por vieja y sabia, no vacila al decir
que no hay mejor regalo que el compartir.
Y tú, con tu familia,
¿qué podrías añadir?